Y JESÚS Sanaba A Todos

GLORIA COPELAND

KENNETH
COPELAND
PUBLICATIONS

A menos que se indique lo contrario, las citas bíblicas fueron tomadas de la versión *Reina Valera 1960*.

Las citas marcadas con las siglas *AMP* son traducciones libres de *The Amplified Bible*.

Las citas marcadas con las siglas *Weymouth* son traducciones libres de *The New Testament in Modern Speech* de *Richard Francis Weymouth*.

Y Jesús sanaba a todos
And Jesus Healed Them All

ISBN 978-0-88114-315-7

30–0518S

18 17 16 15 14 13

13 12 11 10 9 8

Traducido y editado por KCM Guatemala

Kenneth Copeland Publications
Fort Worth, TX 76192-0001

Para obtener más información acerca de los Ministerios Kenneth Copeland, visite www.kcm.org o llame al 1-800-600-7395 (sólo en EE.UU.) o al +1-817-852-6000.

Contenido

CAPÍTULO 1

¡Dios quiere que usted esté sano!

Y descendió con ellos, y se detuvo en un lugar llano, en compañía de sus discípulos y de una gran multitud de gente de toda Judea, de Jerusalén y de la costa de Tiro y de Sidón, que había venido para oírle, y para ser sanados de sus enfermedades; y los que habían sido atormentados de espíritus inmundos eran sanados. Y toda la gente procuraba tocarle, porque poder salía de él y sanaba a todos.

—Lucas 6:17-19

Es la voluntad de Dios que usted sea sanado, pero su fe no puede obrar más allá del conocimiento que tenga de la Palabra. Ésta declara: *«Mi pueblo fue destruido, porque le faltó conocimiento...»* (Oseas 4:6). En el reino físico esto es literalmente verdadero. El cuerpo de los creyentes nacidos de nuevo está destruido, porque no tienen el conocimiento de la Palabra, ignoran que la voluntad de Dios es que sean sanados. Muchas personas mueren jóvenes, aun cuando no es la voluntad del Señor. Él afirmó: *«...y yo quitaré toda enfermedad de en medio de ti... y yo completaré el número de tus días»* (Éxodo 23:25-26). En Salmos 91:16, Dios estableció lo siguiente: *«Lo saciaré de larga vida, y le mostraré mi salvación»*. No es Su voluntad que usted muera joven, sino ¡que viva mucho tiempo sobre la Tierra sin enfermedad y satisfecho!

La sanidad no es sólo una bendición del Nuevo Testamento. Dios siempre le ha provisto sanidad al obediente. En Salmos 103:2-3, leemos: *«Bendice, alma mía, a Jehová, y no olvides ninguno de sus beneficios. Él es quien perdona todas tus iniquidades, el que sana todas tus dolencias».* Muchos han olvidado el beneficio de la sanidad que Dios provee para sus cuerpos. Si usted ha aprendido que la voluntad del Señor es sanarlo tanto como salvarlo, entonces necesita adoptar una actitud diferente hacia la enfermedad. Jesús llevó sus enfermedades y dolencias al mismo tiempo y de la misma manera que llevó sus pecados. Usted es tan libre de enfermedades y dolencias como lo es del pecado. Por tanto, debería ser pronto para rechazar las enfermedades y dolencias de su cuerpo, así como resiste al pecado.

Siembre la Palabra

Para vivir libre de la enfermedad, usted debe sembrar en su corazón la Palabra de Dios referente a la sanidad. La Biblia afirma que la Palabra es la semilla incorruptible. Ustedes son *«...renacidos, no de simiente corruptible, sino de incorruptible, por la palabra de Dios que vive y permanece para siempre»* (1 Pedro 1:23). Y su sanidad proviene de la misma semilla incorruptible de la Palabra. El término **incorruptible** significa que la semilla es "indestructible, no se echa a perder". La enfermedad no puede impedir que dé fruto, ni el ser humano puede malograr esa semilla incorruptible. Satanás no posee la autoridad para detener el poder de la Palabra de Dios. Puedo comprobárselo con la salvación. Una vez que escucha la Palabra y decide aceptar a Jesucristo como el Señor de su vida, no existe fuerza alguna que interrumpa el nuevo nacimiento que se realiza en su espíritu. Ningún demonio en el infierno puede evitar que usted nazca de nuevo. Lo mismo sucede con la sanidad. Usted recibe todo del Señor de la misma manera: por fe. Los resultados vienen cuando escucha la Palabra, la recibe, y la pone por obra. Obtiene sanidad del mismo modo que recibió el nuevo nacimiento, por oír la Palabra y creer en ésta lo suficiente como para actuar conforme a ella.

Debe sembrar la semilla sobrenatural de la Palabra en su corazón. Siémbrela, ésta crecerá y producirá fruto. Cuando es Dios quien se encarga, el tiempo de Él es ahora. El Señor no tiene que esperar 60 días para recoger una cosecha. Cuando usted siembra la Palabra en su corazón, siega la cosecha. Hoy es el día de salvación.

En la Iglesia, la fe para la sanidad debería estar tan altamente desarrollada, así como lo está en el área del nuevo nacimiento del espíritu. Si a la Iglesia se le hubiera enseñado lo que la Palabra declara acerca de la sanidad, los cristianos serían tan prontos para creer en su sanidad como lo son para creer en su salvación. Sin embargo, otras semillas han sido depositadas en sus corazones. Por ejemplo: semillas de duda e incredulidad, las cuales han sido producidas por las tradiciones del ser humano; pues tratan de enseñar la Palabra con el intelecto, en lugar de enseñarla por medio del Espíritu Santo.

La Palabra carece de sentido para la mente carnal. La humanidad trata de explicarla mediante su propio pensamiento natural, pero no tiene éxito. En nuestra nación, algunas personas han predicado desde los púlpitos mensajes que no son ciertos, y esto ha sucedido por la falta de revelación del conocimiento de la Palabra. Perderse del poder sanador de Dios es el precio que las personas han pagado por seguir las tradiciones. Jesús dijo que las tradiciones del hombre invalidan la Palabra (lea Mateo 15:6).

Tradición, tradición, tradición

Una tradición que le ha robado la sanidad a la Iglesia es la práctica de orar utilizando la frase: "si es Tu voluntad". Antes de orar, usted debería ser consciente que la voluntad de Dios es sanarlo. Puede tener la certeza de esto, pues en la Palabra se describe muy bien Su voluntad. La Palabra es la voluntad de Dios. Cuando se ora por sanidad, la expresión "si es Tu voluntad" muestra incredulidad. No existe fe en esa clase de oración, todo lo contrario. Si usted está orando: "Señor, sáname si es Tu voluntad", entonces es obvio que ignora cuál es Su voluntad, y no tendrá en qué basar su fe hasta que sepa cuál es. Esto se asemeja al agricultor que se sienta en su pórtico y dice para sí: "Creo en la cosecha. Sé que es real, así que no voy a sembrar ninguna semilla este año. Sólo creeré para que venga". Ese hombre se sentará ahí ¡para siempre! Es un principio de la vida: primero se siembra, luego se cosecha.

Hoy día, muchos cristianos actúan como ese agricultor. Están tratando de recoger una cosecha de sanidad, cuando no han sembrado ninguna semilla con respecto a su salud. La expresión "si es Tu voluntad", no permitirá que recoja cosecha alguna de sanidad; es más, impedirá que reciba de Dios. Por medio de la Palabra sabrá que Su voluntad es que usted sea sanado.

También hemos escuchado otra tradición que afirma que la sanidad pertenece al pasado; y que hoy en día, los milagros ya no existen. Dios declaró: «...*Yo soy Jehová tu sanador*» (Éxodo 15:26). Todos sabemos que el Señor no cambia (lea Santiago 1:17). Él no ha cambiado desde el principio del tiempo (lea Malaquías 3:6). Para que la sanidad desaparezca, Dios tendría que desaparecer. ¡Él aún es el Señor que nos sana!

Los milagros y el poder sanador del Todopoderoso se encuentran tan disponibles ahora como lo estuvieron cuando Jesús anduvo en la Tierra. Crea que Dios sana hoy. Los milagros jamás han desaparecido, son las personas quienes han dejado de creer. Se necesita de una fe activa para recibir del Señor.

Hubo un tiempo en mi vida cuando supe que la sanidad era real, y que Dios estaba restaurando la salud de la gente; sin embargo, no sabía si Su voluntad era sanarme. Solamente pensar que la sanidad existe no es suficiente, debe creer que la voluntad de Dios es sanarlo a usted. Debe creer que la sanidad es suya y que le pertenece. Declare lo siguiente: *¡La sanidad me pertenece!*

Otra tradición enseña que Dios se gloría cuando los cristianos se encuentran enfermos. No obstante, la Biblia establece que la gente lo glorificó cuando vio al cojo caminar y al ciego ver. Las personas alabaron al Dios de Israel cuando vieron Su poder manifestándose (lea Mateo 15:30-31). Jesús dijo que el Padre es exaltado cuando llevamos mucho fruto (lea Juan 15:8), y ni el cáncer ni la artritis son parte de ese fruto. Al mundo no le impresionan las enfermedades, mucho menos verlo sufrir con dolor y agonía; pues ellos ya padecen suficientes males. Por el contrario, están buscando un camino que los aleje de la enfermedad y del dolor, no uno que los lleve hacia eso. Ya tienen bastantes problemas, ¡lo que anhelan son respuestas! Las personas están oprimidas por Satanás y necesitan liberación. Desean la victoria en su vida, quieren saber cómo pagar sus cuentas y cómo pueden ser libres de la enfermedad en su cuerpo. Y decir que Dios se gloría cuando Sus hijos están enfermos, no tiene sentido; además, no concuerda con la Palabra.

Como creyentes debemos ser el faro de liberación y ayuda a la humanidad que vive en tinieblas. La voluntad de Dios es que mostremos Su amor y Su poder a este mundo necesitado. La Biblia declara: *«Así alumbre vuestra luz delante de los hombres, para que vean vuestras buenas obras, y glorifiquen a vuestro Padre que está en los cielos»* (Mateo 5:16).

Se supone que el mundo debe ver nuestras buenas obras, no enfermedad ni dolencia en medio de nosotros. En Filipenses 2:15-16, leemos: *«Para que seáis irreprensibles y sencillos, hijos de Dios sin mancha en medio de una generación maligna y perversa, en medio de la cual resplandecéis como luminares en el mundo; asidos de la palabra de vida...».* Nuestra comisión es divulgar la Palabra de vida —ésa es la Palabra referente a la salvación, sanidad y liberación para quienes están a nuestro alrededor—. En lugar de cumplirla, debido a las tradiciones humanas, hemos tratado de decirle al mundo que el Dios al que servimos nos ha enfermado. ¡Qué mentira decir eso del Padre!; pues ¡Él es el Dios de amor y misericordia! Jesús estableció que debemos imponer manos sobre los enfermos, y ellos sanarán. La voluntad del Señor es que Su Cuerpo sea la respuesta al problema de la enfermedad y la dolencia. Se nos ha ordenado que aliviemos el problema, no que le enseñemos a la gente que Él la quiere enferma.

El aguijón en la carne de Pablo

Una tradición muy arraigada es la que se refiere al aguijón en la carne de Pablo, se nos habla acerca de esto en 2 Corintios 12. (Realmente no era el aguijón de Pablo, era el aguijón de Satanás). Todo el mundo ha oído acerca de ello. La tradición enseña que el aguijón en la carne era una enfermedad o dolencia, pero la Palabra claramente afirma que el aguijón era un mensajero de Satanás. En el Nuevo Testamento, este término griego se traduce siete veces como mensajero; y 181 veces, como ángel.

En las 188 veces se hace referencia a una persona —no a algo como la enfermedad o la dolencia—. La enfermedad no es una mensajera, tampoco es una persona. Por tanto, el aguijón era un ángel o un mensajero de Satanás asignado para abofetear a Pablo. La palabra **abofetear** significa: "dar golpes repetidos, una y otra vez". La traducción de *Weymouth* indica: "Con respecto a esto, tres veces le he rogado al Padre que me lo quite" (2 Corintios 12:8). En la versión *Reina Valera 1960*, dice: *«respecto a lo cual tres veces he rogado al Señor, que lo quite de mí»*. El aguijón en la carne no era una enfermedad, como la tradición enseña, sino un mensajero de Satanás según la Biblia. Dios no usa el servicio de mensajeros de Satanás. Él no le dio a Pablo este aguijón en la carne, fue Satanás quien se lo envió para impedir que la Palabra de Dios fuera predicada.

En Hechos 13:45, 50; vemos un ejemplo donde Satanás abofeteó a Pablo:

> Pero viendo los judíos la muchedumbre, se llenaron de celos y, rebatían lo que Pablo decía, contradiciendo y blasfemando... Pero los judíos instigaron a mujeres piadosas y distinguidas, y a los principales de la ciudad, y levantaron persecución contra Pablo y Bernabé, y los expulsaron de sus límites... Pero cuando los judíos y los gentiles, juntamente con sus gobernantes, se lanzaron a afrentarlos y apedrearlos, habiéndolo sabido, huyeron a Listra... Entonces vinieron unos judíos de Antioquía y de Iconio, que persuadieron a la multitud, y habiendo apedreado a Pablo, le arrastraron fuera de la ciudad, pensando que estaba muerto. Pero rodeándole los discípulos, se levantó y entró en la ciudad; y al día siguiente salió con Bernabé para Derbe.
> —Hechos 13:45, 50; 14:5-6, 19-20

En cada lugar, el mensajero de Satanás provocaba persecución y aflicción contra Pablo: golpe tras golpe, bofetada tras bofetada. Por dondequiera que Pablo iba, padecía de problemas y persecución.

La expresión aguijón en la carne o aguijón en el costado siempre se ha usado como una metáfora en la Biblia. Por ejemplo: el Señor le dijo a Moisés que si los israelitas no echaban a los moradores de la tierra de Canaán, aquellos habitantes serían como aguijones en sus ojos y espinas en sus costados (lea Números 33:55). Los cananeos no se iban a pegar literalmente a los costados de los israelitas, esto es sólo una metáfora. Hoy día, todavía utilizamos el término aguijón en la carne; por ejemplo, su vecino podría ser un aguijón en su costado; o bien podría utilizar la frase: "Ese vecino es como un dolor en el cuello". La tradición afirma que este aguijón en la carne era un mal en el cuerpo de Pablo, pero en 2 Corintios 12:7 se refiere a un tipo de metáfora. La traducción de este versículo en la Biblia *Weymouth* expresa: "Se me fue dado un aguijón en la carne, el ángel de Satanás para torturarme". Este espíritu malo le fue asignado a Pablo para detener la Palabra. Jesús dijo en Marcos 4 que el diablo viene inmediatamente a robarla. Pablo tuvo que hacerle frente a este espíritu adondequiera que iba.

Satanás vino a abofetear a Pablo a causa de la abundancia de revelaciones que recibió. Una de ellas es la referente a la autoridad del creyente; por eso, el diablo vino a tratar de hurtar la Palabra. Él le rogó tres veces al Señor que le quitara el aguijón. Es inútil pedirle a Dios que se deshaga del diablo por usted. Pablo tenía autoridad sobre Satanás, dependía de él ejercerla. La Biblia declara: «...*resistid al diablo, y huirá de vosotros*» (Santiago 4:7). Dios no resistirá al diablo en lugar suyo; pues, quien debe hacerlo es usted. Si no lo echa fuera, tendrá que vivir con él o encontrar a alguien más que lo ayude a deshacerse de él.

Cuando Pablo le pidió a Dios que lo ayudara con respecto a este mensajero de Satanás, el Señor le respondió: «*Bástate mi gracia...*» (2 Corintios 12:9). La tradición interpreta eso como si Pablo le hubiera pedido al Señor que lo librara, y el Señor le hubiera respondido que no lo ayudaría. Y por eso, Pablo tuvo que soportar el aguijón para siempre. En realidad, lo que la Biblia afirma es lo siguiente: «*Y me ha dicho: Bástate mi gracia; porque mi poder se perfecciona en la debilidad...*». En otras palabras, Dios le dijo: "Mi favor es suficiente; y tú tienes autoridad. Se encuentra a tu disposición el nombre de Jesús y cuando eres humanamente débil, Mi fuerza o Mi poder se perfeccionan".

Podemos ver un excelente ejemplo de esto en Hechos 14 cuando Pablo fue apedreado. Él parecía estar muerto; sin embargo, los discípulos se reunieron alrededor de él, oraron y el Señor lo levantó. Era humanamente imposible que Pablo hiciera algo. En su propia fuerza no contaba con la habilidad de vencer, pero el poder de Dios se perfeccionó en su vida cuando él manifestó debilidad humana.

En 2 Corintios 12:10, Pablo escribió: «*Por lo cual, por amor a Cristo, me gozo en las debilidades, en afrentas, en necesidades, en persecuciones, en angustias...*». Examinemos estas palabras. **Debilidad** significa: "tener necesidad de fuerza, fragilidad, incapacidad para producir resultados". No quiere decir enfermedad; significa lo que el Señor dijo: "Cuando tu fuerza se acaba, Mi poder se perfecciona". Las otras palabras que se mencionan aquí —afrentas, necesidades, persecuciones y angustias— son las bofetadas que Pablo lista en 2 Corintios 11. Él fue encarcelado, apedreado, azotado, atacado por multitudes enardecidas; y además, fue náufrago. La enfermedad ni siquiera se menciona.

Hemos oído mucho acerca de pruebas y tribulaciones que vinieron sobre Pablo, pero la tradición olvida mencionar que el ángel de Satanás no pudo ganar la victoria sobre él mediante circunstancias adversas. Pablo vivió hasta llegar a ser un hombre de edad avanzada. Al momento de partir, él dijo que no sabía si quería quedarse o irse (lea Filipenses 1:20-26). Pablo se fue a casa para estar con el Señor, hasta que él y el Señor estuvieron preparados. Él fue un cristiano victorioso. Escribió la mayor parte del Nuevo Testamento y viajó por todo el mundo conocido. El mensajero de Satanás no pudo impedir que se proclamara la Palabra de Dios.

El testimonio de Pablo fue éste: «*Porque yo ya estoy para ser sacrificado, y el tiempo de mi partida está cercano. He peleado la buena batalla, he acabado la carrera, he guardado la fe*» (2 Timoteo 4:6-7). Ésa no es la descripción de un hombre que se encontraba enfermo o débil. ¡Gloria a Dios!

Cuando usted se encuentra enfermo, no puede hacer mucho. No se siente fuerte, se queda exactamente donde está, y sólo se preocupa de su propio cuerpo. No piensa en imponer manos sobre alguien más para que sane. Si Pablo hubiera sido un hombre enfermo no habría podido pelear la buena batalla ni terminar la carrera. La batalla de la fe es una buena batalla porque siempre se gana.

Es mi deseo expresar lo mismo cuando sea el tiempo de irme: *«He peleado la buena batalla, he acabado la carrera, he guardado la fe»*. Para mí, ésas son palabras poderosas y llenas de victoria. Analícelo. ¡Pablo era un hombre fuerte en el Señor!

En Filipenses 4:12-13, Pablo expresó: "He aprendido en cualquier y toda circunstancia el secreto para enfrentar cada situación... tengo fuerza para realizar todo en Cristo que me fortalece, [estoy listo para todo y para enfrentar cualquier cosa por medio de Él, quien me infunde la fuerza interior]" (*AMP*). Él aprendió a confiar en quien estaba en su interior, a fin de cumplir su misión. Ya no trató de llevar a cabo la obra por sí mismo. Pues reconoció que era fuerte en el Señor, no en su propia fuerza.

En Hechos 9:16, el Señor expresó: *«Porque yo le mostraré* [a Pablo] *cuánto le es necesario padecer por mi nombre»*. Pablo sabía que sufriría persecuciones y aflicciones, y estuvo de acuerdo con eso. Él quería cumplir con la voluntad de Dios a cualquier precio.

Pablo fue un hombre victorioso, él declaró: "Persecuciones, padecimientos, como los que me ocurrieron en Antioquía, en Iconio, en Listra; persecuciones que soporté, pero de todo el Señor me libró" (2 Timoteo 3:11, *AMP*). ¡La tradición olvida decirnos eso! Pablo enfrentó pruebas y tribulaciones; no obstante, ¡el Señor lo libró de todas ellas! El aguijón en la carne, del cual hemos oído tanto, no pudo ganar la victoria sobre Pablo ni sobre la Palabra de Dios. El mensajero de Satanás sólo logró exasperar y hostigar a Pablo; pero no fue capaz de impedir que proclamara la Palabra. ¡Existe una gran diferencia entre ser exasperado y ser derrotado! En cada situación que Pablo enfrentó, incluso la muerte al ser apedreado, el poder de Dios lo fortaleció y lo libró.

Hemos oído mucho más del aguijón en la carne que del resultado. Pablo fue librado de cada oposición, de toda obra de maldad. Cuando la fuerza humana se acaba, el poder de Dios se perfecciona. Esto es lo que se nos debería haber enseñado acerca del aguijón en la carne. Ésta es la enseñanza que necesita oír la Iglesia: cuando la fuerza humana se acaba, ¡el poder de Dios se perfecciona!

Observe cuán indefensos hemos sido a causa de las tradiciones sembradas en nuestro corazón y en nuestra mente, y asimismo, por la falta de conocimiento de la Palabra. Usted no puede permanecer en fe contra la enfermedad y la dolencia cuando lo que ha aprendido es que la enfermedad es la voluntad de Dios para su vida. ¿Cómo podría permanecer en fe cuando piensa que Dios lo ha enfermado con cáncer para enseñarle algo? Esta tradición es ¡una abominación a la naturaleza de Dios! ¿Cómo es posible afirmar que un Dios de amor lo enfermaría para darle una lección? Si usted cree eso, entonces necesita dejar de tomar medicina. Si fuera la voluntad de Dios que usted esté enfermo, ingerir medicamentos sería como luchar en contra de Su voluntad.

El poder de su autoridad

El cristianismo no se debe vivir sólo el domingo por la mañana. Las cosas espirituales obran cada día de la semana. La Biblia es poderosa y funciona tanto el lunes como el domingo. Ésta es la sabiduría de Dios escrita en palabras humanas para que podamos ser victoriosos en la Tierra.

Algunas personas aceptan la enfermedad como la voluntad del Señor. Sin embargo, estas mismas personas se medican, se operan o hacen todo lo posible para ser curadas. Otros individuos afirman lo siguiente: "Bien, tal vez Dios no puso la enfermedad en usted, pero le permitió a Satanás que lo hiciera". Sólo existe una persona que le permite al diablo poner enfermedad en su vida, y ésa es usted.

Como creyente, usted posee en la Tierra la autoridad sobre Satanás, sobre la enfermedad y la dolencia. Si la enfermedad ha venido a su vida es porque usted se lo ha permitido, no el Señor. Dios no tiene que permitirle a Satanás que lo enferme, pues su enemigo siempre está listo ¡para realizar el trabajo! La enfermedad lo incapacita, y usted deja de representar una amenaza para Satanás.

Necesita deshacerse de la enseñanza de la tradición, y reconocer que sólo Satanás pudo ser la fuente de esas creencias sin poder y de derrota. La Palabra es la semilla incorruptible; por tanto, ni Satanás ni la enfermedad pueden invalidarla. El único que podría impedir que esa semilla obre en su vida es usted mismo.

Al estudiar el tema de la semilla incorruptible de la Palabra, mantenga su mente y su espíritu abiertos, a fin de cambiar su manera de pensar. Sin embargo, permítame advertirle que la duda y la incredulidad vendrán en su contra y le dirán: "Bien, tú ya sabes qué opinan ellos acerca de esto...". ¿Quiénes son "ellos"? Pues, "ellos" son los que lo enterrarán antes de tiempo, si escucha sus tradiciones. Eche fuera la duda y obedezca la Palabra.

Reciba la Palabra. El poder y la bendición que usted obtiene de ella, dependen de la manera en que la reciba. Debe aceptarla como que literalmente el Señor le estuviera hablando; es decir, como la Palabra de Dios y la autoridad en su vida. Tome la determinación de actuar conforme a todo lo que vea en la Palabra. Si sólo cree un poco de algún versículo y otra parte de otro, y piensa: "Eso podría ser verdad", no recibirá nada de la Palabra. Debe aceptarla y darle el lugar de autoridad en su vida. Cuando permita que la semilla incorruptible entre a su corazón, ésta producirá la cosecha que usted desea.

CAPÍTULO 2

La medicina de Dios

En Proverbios 4:20-21, se describe la prescripción de Dios para la vida y la salud. Si usted es saludable, ésta lo mantendrá de esa manera. Si se encuentra enfermo, ésta lo sanará, y luego hará que se mantenga bien. Jamás ha existido un medicamento milagroso que se pueda igualar a la Palabra. La medicina del Todopoderoso es la respuesta a toda necesidad.

Ésa es la manera en que funciona el poder de Dios mediante la Palabra. Si deposita la Palabra en su corazón, actúa conforme a ella y la obedece, siempre recibirá sanidad. Tómese el tiempo para sembrar en su corazón versículos referentes a la sanidad, y manténgalos vivos, a fin de que la fe y el poder de Dios siempre estén listos para ministrarlo cuando desate su fe. El poder del Señor siempre se encuentra disponible para el creyente que invierte tiempo depositando la Palabra en su corazón.

La sanidad siempre está al alcance del creyente; sin embargo, la fe debe desatarse para recibir el poder sanador de Dios. Si usted ha alimentado su espíritu con la Palabra, como se supone que debe hacerlo, entonces en el momento en que un síntoma venga contra su cuerpo, su fe estará lista para manifestarse en su interior y respaldar con poder sus palabras.

Si es un creyente recién convertido, y aún no ha tenido el tiempo de llenar su corazón con la Palabra, entonces necesita ayuda y existen personas que pueden apoyarlo. Ellos le pueden imponer manos, pero no se quede en una condición elemental de brazos cruzados; desarrolle su propia fe. No permita que las tormentas de la vida le tomen la delantera. Lea la Palabra y renueve su mente. Empiece a pensar igual a Dios, y actuará como Él actúa.

«Hijo mío, está atento a mis palabras; inclina tu oído a mis razones. No se aparten de tus ojos; guárdalas en medio de tu corazón; porque son vida a los que las hallan, y medicina a todo su cuerpo. Sobre toda cosa guardada, guarda tu corazón; porque de él mana la vida» (Proverbios 4:20-23).

Esta prescripción de Dios es para la vida y la salud. Él afirma que Sus palabras son vida a todo aquel que las halla y medicina a todo su cuerpo. Esto significa que el cáncer, la artritis, la enfermedad y la dolencia deben irse. La Palabra de Dios es salud a todo su cuerpo; sin embargo, para disfrutar de este beneficio, debe actuar conforme a la Palabra.

Si padece de una enfermedad terminal y el médico le ha dicho que le queda poco tiempo de vida, entonces la Palabra será vida para usted. Ésta prolongará su existencia, y le permitirá completar el número de sus días aquí en la Tierra (lea Éxodo 23:26). La Palabra es la vida de Dios, por eso, ¡es vida a los que la hallan! Pero ¿qué sucede con quienes no la hallan? Ellos no se mencionan aquí porque son los que mueren por falta de conocimiento. Y quienes la hallan son aquellos que reciben sanidad; y, a causa de esto, viven muchos años en la Tierra.

Esté atento a Sus palabras

«Está atento a mis palabras». Preste toda su atención a la Palabra de Dios. Escúchelo atentamente. Lo que lea en las Escrituras, créalo y actúe conforme a ello. Cuando usted se ocupa de alguien, le presta atención a esa persona. Sin embargo, solamente una cosa es necesaria y ésa es la Palabra,

sin la cual el creyente no puede llevar a cabo nada con éxito. Si usted le presta atención y le dedica tiempo, cada situación en su vida será resuelta por la fe, por el conocimiento y por la sabiduría que provienen de ella. Todo lo que realizamos debería girar entorno a la Palabra, pues ésta tiene la respuesta a cada problema y hará que su tiempo cuente. Evitará que cometa errores que cuesten tiempo, y uno de ellos es enfermarse. La Palabra causará que su vida sea mejor y que cada momento sea más productivo. Por tanto, no puede darse el lujo de prescindir de ella.

Siempre que me encuentro bajo presión y empiezo a pensar: "No hay manera de terminar todo lo que debo hacer". De inmediato, me doy cuenta de que no me he dedicado lo suficiente a la Palabra. Cuando me he hundido en los afanes de la vida y viene la presión, sé que el tiempo que debí invertir en ella, lo utilice en algo más. La Palabra permite que su vida marche bien. Si toma tiempo para leerla, meditar en ella, y escuchar lo que Dios le está diciendo, entonces no se enredará en los asuntos de la vida.

La Biblia establece: «*Tú guardarás en completa paz a aquel cuyo pensamiento en ti persevera; porque en ti ha confiado*» (Isaías 26:3). Cuando se sumerja en la Palabra y fije su mente en ella, será guardado en perfecta paz y confiará en Dios; eso es fe. En Romanos 10:17, leemos que la fe viene por el oír, y el oír por la Palabra de Dios. Usted será guardado en esta perfecta paz, porque confía en Él. Su fe permanecerá firme y confiará en el Señor, no en la evidencia física.

Cuando no mantiene su atención en la Palabra, su mente es esclava de la duda. Muchas personas tratan de creer, pero no tienen la Palabra en su corazón. La fe no es un proceso mental. Creer con el corazón es el resultado de dedicarle tiempo a la Palabra. Se necesita más que una decisión mental para lograr que su vocabulario se alinee a ella.

Jesús dijo: «*...de la abundancia del corazón habla la boca*» (Mateo 12:34). Usted debe depositar la Palabra en su corazón de manera abundante, a fin de que ésta sea más real que sus circunstancias. En otras palabras, si se encuentra enfermo, necesita llegar al nivel en el que la Palabra sea tan real para usted que los síntomas en su cuerpo no valgan nada. Eso fue lo que Abraham hizo. Él estaba completamente persuadido de que Dios era capaz y poderoso para cumplir Su Palabra (lea Romanos 4:21). A él no le importó tener cien años y que Sara ya no pudiera concebir, él no consideró eso. Estaba convencido por completo de que la Palabra era verdadera.

Usted debe sembrar la Palabra en su corazón hasta que la realidad de su sanidad tenga más poder y validez que los síntomas de enfermedad que se manifestaron en su cuerpo. Esa revelación sólo vendrá si le presta atención a la Palabra —manteniéndose enfocado en ella y poniéndola en su corazón de manera abundante—. Usted puede llegar al nivel en el que ésta tenga más autoridad que la evidencia física. Si ve o siente algo contrario a lo estipulado en las Escrituras, no actuará conforme a ello, sino únicamente según la Palabra.

Incline su oído a Sus razones

«Inclina tu oído a mis razones». Anhele y vaya tras la Palabra de Dios. Disponga su oído para escuchar la Palabra de fe que se predica. No espere que alguien vaya a predicar al lugar donde vive, sino que usted debe ir a donde ésta se predique. Los creyentes se dirigen de una ciudad a otra, porque desean sumergirse en la Palabra, y recibir lo que Dios tiene para ellos. Ellos recorren cualquier distancia para sumergirse en ésta. Saben que si la depositan en su corazón, pueden obtener todo lo que necesitan. Si invierte suficiente tiempo en el estudio bíblico, cambiará todo lo que usted haga.

Jesús dijo: "Si algún hombre tiene oídos para oír, que oiga, perciba y comprenda. Y les dijo: Tengan cuidado de lo que oyen. La medida [de pensamiento y estudio] que le den [a la verdad que oyen] será la medida [de virtud y conocimiento]

que regrese a ustedes, y más [incluso] le será dado al que oye"
(Marcos 4:23-24, *AMP*).

La atención, el respeto y el cuidado que le demos a Su
Palabra, determinará la porción de bendición del Señor
para nuestra vida. Si sólo le dedica un poco de atención a
la Palabra, entonces recibirá poco de ésta. En cambio, si le
brinda todo su cuidado y atención, el poder que regrese a
usted será grande y producirá buenos resultados en su vida.

Jesús habló sobre tener cuidado con lo que oímos. No
oiga ni escudriñe las Escrituras bajo conceptos tradicionales,
porque si lo hace, la Palabra no funcionará en usted. Reciba la
Palabra voluntariamente. No permita que ésta sea estorbada
por todo aquello que haya conocido o experimentado.

Para que su vida de fe prospere, primero debe creer que
la Palabra no falla. Si le ha parecido como si ésta no ha
funcionado para usted, no es culpa de Dios: hay algo que usted
ignora, quizá no esté permaneciendo firme. La Biblia declara:
«*...y habiendo acabado todo, estar firmes. Estad, pues, firmes...*»
(Efesios 6:13-14). Ésta expresa: «*...estad, pues, firmes*». Eso es
todo. No señala por cuánto tiempo. Si se sorprende a sí mismo
confesando: "Bueno, la Palabra no está funcionando para mí",
entonces automáticamente sabrá que no está permaneciendo
firme. Debe tener una fe estable en lo concerniente a la
Palabra. Si la fe no es estable, entonces no es fe. Hay algo que
debe saber: ¡la Palabra de Dios nunca falla!

Estas cosas funcionan para el obediente. Cuando Dios
afirmó: «*Yo soy Jehová tu sanador*», Él dijo que los obedientes
debían servirle. Al declarar: «*...y yo quitaré toda enfermedad de
en medio de ti*», Él también señaló: «*Si me sirviereis*». Asimismo,
en otros versículos indica: «*Si estuvieras atento para hacer
mi Palabra...*». Hay cosas que podemos llevar a cabo para
alinearnos con el poder sanador de Dios. Tome la decisión
de ser consciente de que el fracaso no proviene del Señor, ni
tampoco de Su Palabra. Dios no comete errores; sin embargo,
Sus hijos sí. Cuando Satanás trate de provocar que usted se

enoje con Dios, y piense: "Dios, he hecho todas estas cosas. He confesado Tu Palabra y no me está dando resultado". Recuerde que no es culpa de Dios. Él nunca falla, la Palabra jamás falla. No pruebe ni examine a Dios, pruébese y examínese a sí mismo. No juzgue a Dios, júzguese a sí mismo.

«No se aparten de tus ojos». Enfóquese en la Palabra. No vea las circunstancias que parecen contrarias a lo que usted está creyendo. Mantenga su mirada en la Palabra. Sea como Abraham y considere las promesas del Señor, en lugar de su propio cuerpo. Lo que perciba mediante sus ojos y oídos puede ser la diferencia entre la vida y la muerte; por consiguiente, conserve la Palabra delante de sus ojos y manténgase oyéndola. Lo que usted cree en su corazón se estableció a causa de todo aquello en lo que pone su atención.

Guárdelas en medio de su corazón

«Guárdalas en medio de tu corazón». Mantenga la Palabra de Dios viva en su corazón, haga que ésta obre en él. Así como alimenta su cuerpo físico, también debe alimentar su ser espiritual, éste no puede vivir ni permanecer fuerte con la Palabra que recibió el año pasado. No trate de confiar en lo que recuerda de la Palabra. Guarde las palabras de Dios en su corazón al cumplir lo que ya hemos señalado: estar atento a la Palabra, inclinar sus oídos a Sus razones, no apartar sus ojos de ella y conservarla en su corazón. Mantenga su espíritu fuerte con la Palabra, aliméntese continuamente de ella, a fin de que siga produciendo la fuerza de la fe.

Porque son vida a los que las hallan, y medicina para todo su cuerpo

«Porque son vida a los que las hallan, y medicina para todo su cuerpo». Las palabras de Dios son espíritu y son vida (lea Juan 6:63). Éstas son vida y salud a los que las

hallan; es decir, la Palabra de Dios es medicina. Si la deposita abundantemente en su corazón, será tan difícil que usted se enferme, así como antes lo fue sanarse. (La clave de esta declaración se encuentra en la palabra ¡abundancia!). La prescripción de Dios para la vida y la salud funciona de forma constante, ya sea que esté enfermo o sano. Continuamente la Palabra se convierte en vida y salud para su cuerpo. Satanás no puede lograr enfermarlo cuando permanece firme en la Palabra y mantiene su espíritu lleno de ella. Al guardarla en su corazón, el poder sanador de Dios obra de continuo en su ser. La Palabra siempre se convierte en salud para su cuerpo.

Cuando el médico prescribe el medicamento, también le indica cuántas veces al día debe tomarlo para recuperarse. Si le dice que tome cada día una cucharadita, pero usted decide frotárselo en el pecho, entonces todo el conocimiento y la experiencia del médico no habrán servido de nada. Si desea sanarse, sigue sus instrucciones, ¿no es así? Bien, ésta es la prescripción de Dios; Su Palabra es Su medicina. Si cumple diligentemente lo que Dios establece, de la misma manera en que obedecería al médico, obtendrá resultados. El ser diligente en cuanto a la Palabra es la clave. Cuando el médico le explica que necesita cirugía, usted no responde así: "No tengo tiempo para una intervención quirúrgica". Al contrario, usted aparta tiempo; incluso si eso implica perder su trabajo. Sea así de valiente, diligente y decidido con respecto a las Escrituras. Aparte tiempo para atender la Palabra de Dios. ¡Ésta le traerá mejores resultados!

Sobre toda cosa guardada, guarde su corazón

«Sobre toda cosa guardada, guarda tu corazón». Sea diligente en guardar la Palabra en su corazón. Atender de manera continua la Palabra con sus oídos, sus ojos y su corazón; hará que usted viva en salud divina. Ésta se convertirá en vida y salud en su cuerpo. No le preste atención

a la enfermedad, sino a la Palabra. Ya sea que usted se encuentre enfermo o sano, ésta constantemente se convierte en vida y salud para su cuerpo. Ésa es la forma más segura de mantenerse sano. Estar enfermo y luego recibir sanidad no es lo mejor que Dios le promete, Él le ofrece vivir en salud divina; el Señor desea que este tipo de vida fluya de manera continua de su ser espiritual hacia su ser físico — manteniendo bien su cuerpo físico—. *«Y si el Espíritu de aquel que levantó de los muertos a Jesús mora en vosotros, el que levantó de los muertos a Cristo Jesús vivificará también vuestros cuerpos mortales por su Espíritu que mora en vosotros»* (Romanos 8:11).

«Sobre toda cosa guardada, guarda tu corazón; porque de él mana la vida». Las fuerzas de la vida traen el poder sanador. De su corazón proviene la fuerza de fe para librarlo de cualquier problema que Satanás quiera provocarle. El anhelo más grande de Dios es que usted guarde su corazón con diligencia y que las fuerzas de vida broten de su espíritu de manera continua. Lo mejor de Dios está disponible para cada uno de nosotros si le dedicamos tiempo a la Palabra. Las fuerzas de vida y de poder provenientes del corazón se encuentran en proporción directa a la cantidad de Palabra que recibimos; y de la misma manera, a la atención y cuidado que le damos. Cuando se trata de la medicina de Dios, no existe límite en la cantidad que podemos tomar, ni riesgo de una sobredosis; por el contrario, mientras más tome, más fuerte será.

Hable fe

En Marcos 11:23-24, leemos: *«Porque de cierto os digo que cualquiera que dijere a este monte: Quítate y échate en el mar, y no dudare en su corazón, sino creyere que será hecho lo que dice, lo que diga le será hecho. Por tanto, os digo que todo lo que pidiereis orando, creed que lo recibiréis, y os vendrá».*

Lo que declare constantemente, eso es lo que sucederá en

su vida. Lo que confiesa de continuo con su boca es lo que cree en su corazón. Sus palabras son su fe hablando. Si hay una montaña en su camino, no le pida a Dios que haga algo al respecto, sino háblele usted mismo. Háblele a la enfermedad, a la dolencia, o al síntoma que siente en su cuerpo. Por ejemplo: *Dolor, te hablo en el nombre de Jesús, y te ordeno que te vayas de mi cuerpo. Artritis, te hablo en el nombre de Jesús y te ordeno que te vayas de mi cuerpo.*

Al momento de orar debe creer que recibe. Crea que recibe su sanidad al orar, y no cuando se sienta mejor; así es como funciona la fe. Usted recibe, no de acuerdo con lo bien o mal que se sienta, sino conforme a lo que la Palabra afirma. Acepte la Palabra, y no retroceda. Préstele atención a la Palabra, no a los síntomas de la enfermedad o dolencia. Decida permanecer firme en la fe, sin importar cuánto tiempo le lleve.

Si los síntomas de la enfermedad o la dolencia persisten, debe seguir firme confesando valientemente la Palabra de Dios. En Hebreos 10:35-36, se nos dice: "Por tanto, no desechen su valiente confianza, porque ésta lleva una compensación grande y gloriosa de galardón. Porque necesitan paciencia firme y resistencia, para que puedan llevar a cabo completamente la voluntad de Dios, y así recibir y llevarse [y disfrutar hasta la plenitud] lo que se les prometió" (*AMP*).

Es muy importante que aprenda a permanecer firme en su fe con respecto a la sanidad. Una vez que lo haya logrado, sabrá cómo permanecer firme en otras áreas de su vida. Al aprender a ser movido por la Palabra de Dios —no por las circunstancias ni por lo que siente o ve—, recibirá cualquier promesa que ofrece la Palabra. La sanidad es una buena oportunidad para aprender a permanecer firme. Cuando lo logre, incluso sintiendo dolor en su cuerpo, seguramente podrá permanecer firme en la Palabra con respecto a su cuenta bancaria o en cualquier otra situación. Siempre obtendrá resultados si permanece firme hasta recibir la respuesta.

No titubee. Abraham no titubeó: ni la incredulidad ni la desconfianza lo hicieron dudar. La duda lo mantendrá alejado de las bendiciones de Dios. Titubear es dudar. Entrénese para confiar solamente en lo que dice la Palabra. Entrene sus ojos y oídos para que sean obedientes a ésta. No permita que la Palabra sea desvalorizada por lo que vean sus ojos, lo que oigan sus oídos y mucho menos por las malas noticias. Su corazón debe permanecer firme, confiando en el Señor. La Palabra de Dios debería ser la autoridad final en su vida. Viva conforme a lo que ella establece. Obrar de acuerdo con lo que la Palabra afirma es la clave para alcanzar la victoria en cualquier situación. Aprenda a confiar en las Escrituras.

En el Nuevo Testamento, encontramos 19 casos diferentes de sanidad, 12 de ellos se refieren a la fe de la persona. Por ejemplo, Jesús le respondió a la mujer con el flujo de sangre: «...*tu fe te ha hecho salva*» (Marcos 5:34). Ella se acercó a ese poder sanador y Jesús sintió el momento en que éste salió de Él. Su fe es importante cuando oran por su vida, puesto que usted viene a recibir sanidad para su cuerpo, no sólo para que le impongan manos. Su fe es la que atrae el poder de Dios hacia su cuerpo o hacia sus circunstancias. Usted recibe según su fe. La fe activa el poder sanador del Señor en su cuerpo, pues ésta es el elemento que enciende el poder sanador. Cuando usted confiesa: *Creo que recibo sanidad para mi cuerpo desde la coronilla de mi cabeza hasta la planta de mis pies*, está activando el poder sanador de Dios. La mujer con el flujo de sangre expresó: «...*Si tocare tan solamente su manto, seré salva*» (Marcos 5:28). Ella confesó, actuó y recibió.

Permanezca a la expectativa de recibir

Todo lo que debe hacer con su fe es permanecer a la expectativa de recibir. Espere que la Palabra traiga sanidad a su cuerpo, y que Dios sea fiel a Su Palabra. En Gálatas 3:5, se establece: «*Aquel, pues, que os suministra el Espíritu, y hace maravillas entre vosotros, ¿lo hace por las obras de la ley, o por el oír con fe?*». La fe produce milagros.

La Palabra abre su corazón para recibir. La incredulidad de la gente impidió que Jesús realizara obras poderosas en Nazaret. La Biblia expresa que Él estaba asombrado por la incredulidad de los habitantes de esa ciudad (lea Marcos 6:6). Entonces, la Palabra lo librará de la incredulidad y de la mala enseñanza que le roba el poder de Dios. Crea en las Sagradas Escrituras y permanezca firme en fe. Ordénele a la duda y a la incredulidad que se vayan.

En Hechos 4:24-30, los creyentes oraron unánimes y le pidieron al Señor que extendiera su mano para que hubiera sanidades, señales y prodigios. Luego en el siguiente capítulo se nos explica que la multitud traía a sus enfermos y «*todos eran sanados*» (lea Hechos 5:12-16). Ésta es una demostración de fe colectiva. Ellos trabajaban juntos, creyendo por una manifestación del poder sanador de Dios.

En el Cuerpo de Cristo necesitamos extender las fronteras de nuestra fe para creer que cada persona enferma que acuda a nosotros recibirá el poder sanador de Dios. Eso es lo que Él desea, ésa es Su voluntad. Podemos apreciar Su voluntad mediante el ministerio terrenal de Jesús.

CAPÍTULO 3

Jesús sanaba a todos

Felipe le dijo: Señor, muéstranos el Padre, y nos basta. Jesús le dijo: ¿Tanto tiempo hace que estoy con vosotros, y no me has conocido, Felipe? El que me ha visto a mí, ha visto al Padre; ¿cómo, pues, dices tú: Muéstranos el Padre? ¿No crees que yo soy en el Padre, y el Padre en mí? Las palabras que yo os hablo, no las hablo por mi propia cuenta, sino que el Padre que mora en mí, él hace las obras.

— Juan 14:8-10

Si usted quiere mirar al Padre, vea a Jesús. Durante Su ministerio en la Tierra, Jesús con Sus acciones le reveló a la humanidad la voluntad misma de Dios. Si ha visto a Jesús, ha visto al Padre.

Jesús ni siquiera expresó Sus propias palabras, sino las del Padre. Él no se atribuyó las obras hechas en Su ministerio, sino explicó que el Padre que moraba en Él, las había realizado.

Todo lo que Jesús declaró y llevó consigo era la imagen de la voluntad del Padre. Jesús expresó en Juan 8:28: "...no hago nada por Mí mismo —de Mi propia cuenta o en Mi propia autoridad— sino digo [exactamente] lo que Mi Padre me ha enseñado" (*AMP*). Él fue el instrumento de Dios en la Tierra, el camino de Dios hacia el ser humano, y el camino del ser humano hacia Dios.

«Porque he descendido del cielo, no para hacer mi voluntad, sino la voluntad del que me envió» (Juan 6:38). *«...Para esto apareció el Hijo de Dios, para deshacer las obras del diablo»* (1 Juan 3:8). Jesús vino para cumplir con la voluntad de Dios en la Tierra; es decir, para destruir las obras del diablo. Dios puso a Jesús en oposición directa a Satanás, a la maldición, y a todos sus efectos diabólicos.

Cada acción que Jesús realizó y cada palabra que confesó estaban dirigidas a destruir las obras de Satanás. Cada acción de poder y de sanidad era la voluntad de Dios.

Si usted cree la Palabra, entonces debe creer que la actitud de Jesús hacia la enfermedad, también es la actitud de Dios.

Él sanaba a todos, a cada uno, a cualquiera

Observe la voluntad de Dios con respecto a la sanidad en el ministerio de Jesús. Preste atención a los siguientes términos: todos, cada uno y cualquiera.

«Sabiendo esto Jesús, se apartó de allí; y le siguió mucha gente, y sanaba a todos» (Mateo 12:15). Aun en medio de una gran multitud, Jesús sanaba a todos. Esto significa que ¡ninguno se quedaba enfermo!

«Y saliendo Jesús, vio una gran multitud, y tuvo compasión de ellos, y sanó a los que de ellos estaban enfermos» (Mateo14:14). No sólo sanó a algunos de los enfermos, sino a todos.

En Mateo 15:30-31, se nos dice: *«Y se le acercó mucha gente que traía consigo a cojos, ciegos, mudos, mancos, y otros muchos enfermos; y los pusieron a los pies de Jesús, y los sanó; de manera que la multitud se maravillaba, viendo a los mudos hablar, a los mancos sanados, a los cojos andar, y a los ciegos ver; y glorificaban al Dios de Israel».* (¡Note cuándo es que Dios recibe la gloria!).

En Lucas 4:40, se nos afirma: «*Al ponerse el sol, todos los que tenían enfermos de diversas enfermedades los traían a él; y él, poniendo las manos sobre cada uno de ellos, los sanaba*». Cualquier enfermo era traído a Jesús. Él imponía manos sobre cada uno de ellos, y los sanaba.

En Lucas 6:17-19, leemos: «*Y descendió con ellos, y se detuvo en un lugar llano, en compañía de sus discípulos y de una gran multitud de gente de toda Judea, de Jerusalén y de la costa de Tiro y de Sidón, que había venido para oírle, y para ser sanados de sus enfermedades; y los que habían sido atormentados de espíritus inmundos eran sanados. Y toda la gente procuraba tocarle, porque poder salía de él y sanaba a todos*».

La multitud se acercó para oír a Jesús, pero también llegaron para ser sanados. Iban con la esperanza de recibir. Sabían que si lograban llegar a donde Jesús se encontraba, obtendrían su sanidad. ¡Se acercaron para ser sanados!, pues ¡Él sanaba a todos! Ni siquiera en medio de una gran multitud hubo una sola persona a la cual Jesús no sanara. Usted sabe que en una gran multitud hay toda clase de personas, buenas y malas; sin embargo, Jesús sanó a todos. Si hubiera existido algo que impidiera que una persona recibiera sanidad, seguramente en medio de una gran multitud se hubiera encontrado a una que fuera tan mala como para no recibirla. No obstante, ¡Jesús sanaba a todos! Gracias a Dios, en Hebreos 13:8, se nos explica que ¡Él es el mismo ayer, hoy y por los siglos!

Enseñaba Jesús en una sinagoga en el día de reposo; y había allí una mujer que desde hacía dieciocho años tenía espíritu de enfermedad, y andaba encorvada, y en ninguna manera se podía enderezar. Cuando Jesús la vio, la llamó y le dijo: Mujer, eres libre de tu enfermedad. Y puso las manos sobre ella; y ella se enderezó luego, y glorificaba a Dios. Pero el principal de la sinagoga, enojado de que Jesús hubiese sanado en el día de reposo, dijo a la gente: Seis días hay en que se debe trabajar; en éstos, pues, venid y sed sanados, y no en día de reposo. Entonces el Señor le respondió y dijo: Hipócrita, cada uno de vosotros ¿no desata en el día de reposo su buey o su asno del pesebre y lo lleva a beber? Y a esta hija de Abraham, que Satanás había atado dieciocho años, ¿no se le debía desatar de esta ligadura en el día de reposo?

—Lucas 13:10-16

Jesús dijo que Satanás había atado a esta mujer. Era una hija de Abraham; y por consiguiente, tenía un pacto con Dios. Ella tuvo fe para recibir su sanidad porque Jesús había enseñado y predicado acerca del pacto. Le explicó a la gente acerca de los beneficios del pacto. Les decía que el Espíritu del Señor estaba sobre Él, pues lo había ungido para predicar el evangelio y dar libertad a los cautivos. A causa de Sus palabras, ellos pudieron recibir. Esta mujer también era parte de ese pacto.

¡Tenía el derecho a ser sanada! Era hija de Abraham, y debía ser desatada, ya que Satanás la había atado por ¡18 años! Jesús le ordenó a Satanás que la soltara, y ella se enderezó.

Hoy día, estamos en la misma posición. Somos poseedores de un pacto con Dios, y Jesús ya pagó el precio por nuestras enfermedades y dolencias. Cada uno de nosotros debería ser desatado de la esclavitud de Satanás. Contamos con la misma autoridad para realizar exactamente lo que Jesús hizo —ordenarle a la enfermedad y a la dolencia que se vayan—. Él dijo: «...*Mujer, eres libre de tu enfermedad*» (Lucas 13:12). Él ejecutó juicio a la Iglesia llevando a cabo juicio en la Tierra. Cuando usted impone manos sobre algún enfermo está ejecutando juicio. Está declarando que el príncipe de este mundo (Satanás) ha sido juzgado, y que el poder de la enfermedad y la dolencia ya fue destruido (lea Juan 16:11). La autoridad en el nombre de Jesús le pertenece porque usted es un creyente. En Su nombre está tomando autoridad sobre la enfermedad y la dolencia en el cuerpo de otra persona, y está ordenándoles que se vayan. ¡Y se irán! La Palabra establece que si resiste al diablo, él huirá de usted (lea Santiago 4:7). Como representante de Dios, usted puede echar fuera demonios, imponer manos sobre los enfermos, y ellos sanarán.

Rechace la incredulidad

Lea Hechos 10:38, y observe cómo Pedro describe el ministerio de Jesús después de tres años de una estrecha relación con Él: *«Cómo Dios ungió con el Espíritu Santo y con poder a Jesús de Nazaret, y cómo éste anduvo haciendo bienes y sanando a todos los oprimidos por el diablo, porque Dios estaba con él».* ¿Sanó a algunos solamente? No. Él sanó a todos los oprimidos por el diablo.

El único hecho registrado en el que Jesús no pudo cumplir la voluntad del Señor en la vida de Su Pueblo, ocurrió en Nazaret. No era la voluntad de Dios que se dejaran de manifestar Sus milagros y Su poder sanador, era la voluntad del pueblo. Él no pudo hacer obras maravillosas a causa de la incredulidad de ellos (lea Marcos 6:5-6). La duda le robará las bendiciones de Dios. La incredulidad le robará, y lo dejará enfermo. Sólo existe algo que puede detener la duda y la incredulidad en el corazón de un ser humano, y ésa es la Palabra. Cuando una persona cree en las Escrituras, la duda, la derrota y el desánimo deben desaparecer de la vida de ella. No se apoye en la duda o en la incredulidad, ni siquiera medite en ellas. Permita que la Palabra las elimine.

Rehúso alimentar mi espíritu con duda e incredulidad, pues soy consciente de que mi propia vida depende de la fe de Dios en mi espíritu. No me sentaré a escuchar a ningún maestro o predicador que deposite duda e incredulidad en mi espíritu. El alimento que le dé a su espíritu es un asunto de vida o muerte, de victoria o derrota. La fe viene por oír la Palabra de Dios; en cambio, la duda viene por oír incredulidad. Por eso, es importante lo que usted oye.

Las Escrituras muestran sin duda alguna que Jesús, mientras cumplía la voluntad de Dios, ofreció sanidad de manera incondicional durante Su ministerio en la Tierra. El Señor nunca ha sido avaro con Su poder de sanidad, Él siempre ha deseado que usted la reciba. Él anhela que usted sea sano, incluso más de lo que usted lo desea. A causa de la gran compasión y amor por Su familia, Dios anhela profundamente manifestar Su poder en medio de nosotros; no obstante, Él sólo puede actuar a través de la fe.

El deseo de Dios para usted

En su calidad de padre, si viera a su hijo enfermo, infeliz o herido, usted daría lo que fuera para librarlo: ése sería el deseo de su corazón. Dios actúa de la misma forma con Sus hijos, Él anhela que reciba Su poder, a fin de que usted desate su fe y confíe en Su naturaleza compasiva. Crea en Su Palabra y en Su poder sanador para que Él pueda derramarlo sobre usted. Sumérjase en la Palabra y descubra lo que ésta afirma con respecto a su vida. Aprenda cuál es Su voluntad, luego abra su espíritu para recibir el poder de Dios. Permita que Su poder fluya a través de usted libremente, en el nombre de Jesús. Todos anhelamos el poder de Dios obrando en nuestra vida, y podemos recibirlo, pues está disponible para nosotros. Necesitamos establecer nuestras metas, a fin de ser los canales donde el poder de Dios pueda fluir. Cuando creemos en la Palabra, le damos el primer lugar, y obedecemos lo que nos indica; ninguna duda, tradición e incredulidad nos puede reprimir.

Debería ser la meta de cada creyente convertirse en un instrumento que Dios pueda usar, un vaso de honra, apto y listo para toda buena obra (lea 2 Timoteo 2:21). Dios desea instrumentos que Él pueda utilizar —no instrumentos atados por las tradiciones y las cosas del mundo—. Él quiere hombres y mujeres por medio de los cuales pueda obrar libremente.

Para ser ese instrumento de honra se requiere de nuestra decisión de cooperar con la Palabra, estar alineados a ella, y purificarnos de las cosas que puedan robarnos el poder de Dios. Por ejemplo, debemos vivir en amor y guardar el mandamiento de Dios. El mandamiento de la Iglesia lo encontramos en 1 Juan 3:22: *«Y cualquiera cosa que pidiéremos la recibiremos de él, porque guardamos sus mandamientos, y hacemos las cosas que son agradables delante de él».* No andar conforme al amor, le robará el poder del Señor. Por el contrario, una firme determinación de vivir en amor permitirá que el poder de Dios fluya a través de usted con libertad.

Hemos visto la disponibilidad del poder de Dios durante el ministerio terrenal de Jesús. La sanidad estaba al alcance de todo aquel que recibiera a Jesús y creyera en Sus palabras. Ahora leamos Hechos 5:16, y veamos cuál era la actitud de la Iglesia con respecto a las enfermedades y dolencias: *«Y aun de las ciudades vecinas muchos venían a Jerusalén, trayendo enfermos y atormentados de espíritus inmundos; y todos eran sanados».*

Cuando Jesús anduvo en la Tierra, el poder sanador obraba a través de Su cuerpo; y por eso, las personas trataban de tocarlo. Después de que Él se sentó a la diestra del Padre, el poder sanador todavía sigue obrando a través de Su cuerpo, la Iglesia, ¡a fin de sanar a todos! Las multitudes venían a Jesús para ser sanadas. Traían a sus enfermos por una razón: tenían la expectativa de recibir su sanidad ¡Y ellos la obtenían! Todos eran sanados.

¡El poder sanador de Dios fluía! Usted necesita recibir esta revelación en su espíritu. ¡Ese poder fluía! Años más tarde, Pablo naufragó en una isla. Su intención era sólo pasar de largo, no quedarse ahí. Mucho menos tenía en sus planes realizar una gran campaña de sanidad en Malta. Todo esto sucedió a causa de que aún se ofrecía de manera incondicional el poder sanador.

Lea Hechos 28:8-9: *«Y aconteció que el padre de Publio estaba en cama, enfermo de fiebre y de disentería; y entró*

Pablo a verle, y después de haber orado, le impuso manos,
y le sanó. Hecho esto, también los otros que en la isla tenían
enfermedades, venían, y eran sanados».

La traducción de *Weymouth* señala que todos los otros
enfermos de la isla vinieron para recibir sanidad, y fueron
sanados. El poder de Dios no es exclusivo. Ésta no fue una
campaña planeada; sin embargo, Pablo estaba ahí, así que
impuso manos sobre los enfermos y ellos recibieron. ¡Todos
fueron sanados!

En Santiago 5:14-15, se nos enseña que si hay alguien
enfermo entre nosotros, que llamemos a los ancianos de la
iglesia y dejemos que oren por él, que lo unjan con aceite y la
oración de fe salvará al enfermo —no sólo algún enfermo, sino
cualquier enfermo—.

No es la voluntad de Dios que usted padezca males. Desde
el principio de los tiempos, la Palabra ha ofrecido el poder
sanador del Señor a cualquiera que sea obediente y se acerque
a recibir. Y sin importar qué tan grande fuera la multitud,
ninguno quedaba enfermo. ¡Jesús sanaba a todos! El leproso
dijo: *«Si quieres, puedes limpiarme».* Jesús respondió: *«Quiero»*
(lea Marcos 1:40-41). Jamás verá a Jesús negarse a sanar a
alguien. Nunca lo oirá declarar: "Deberás permanecer enfermo
durante dos semanas más; pues, el Padre y yo estamos tratando
de enseñarte algo". ¡Jamás lo oirá! Nunca escuchará a Jesús
expresar: "Permanecerás ciego porque queremos que la gente
le dé la gloria al Padre". Jesús no retuvo el poder sanador de
Dios, ni siquiera en Nazaret. Fue la voluntad de ellos —su
resistencia para recibir— la que les impidió obtener su sanidad.
La voluntad de Dios nunca cambia.

CAPÍTULO 4

Él llevó nuestras
enfermedades

«Para que se cumpliese lo dicho por el profeta Isaías, cuando dijo: Él mismo tomó nuestras enfermedades, y llevó nuestras dolencias» (Mateo 8:17).

Cuando Jesús se llevó nuestros pecados, también se llevó nuestras enfermedades. La Cruz declaró una cura completa para las enfermedades de la humanidad.

La Iglesia de Jesucristo ha sido liberada tanto de las enfermedades como del pecado. Un cristiano puede continuar pecando después de haber nacido de nuevo, pero no tiene que hacerlo. En Romanos 6:14, se establece muy claramente que el pecado no se enseñoreará más sobre él, a menos que él se lo permita.

Un creyente puede continuar enfermo después de que ha nacido de nuevo, pero no debe estarlo, pues él ha sido redimido de la enfermedad. El precio por su sanidad ya fue pagado. La enfermedad no puede seguir ejerciendo dominio sobre él, a menos que se lo permita.

La mayoría de hijos de Dios sólo ha conocido una parte de su redención. Su fe obra según el conocimiento que tengan de la Palabra. Si se hubieran percatado de que la sanidad les pertenecía, habrían comenzado a vivir en salud divina desde hace mucho tiempo.

Sus días de enfermedad se terminarán, siempre y cuando acepte el hecho de que Jesús no sólo llevó sus pecados, sino también su enfermedad, su debilidad y su dolor.

La luz de la Palabra destruirá el dominio de Satanás sobre su vida en el área del sufrimiento físico. Cuando se dé cuenta de que su sanidad ha sido pagada por el sacrificio de Jesús, esta verdad lo hará libre del dominio de Satanás. En Isaías, se afirma: *«Ciertamente llevó él nuestras enfermedades, y sufrió nuestros dolores; y nosotros le tuvimos por azotado, por herido de Dios y abatido. Mas él herido fue por nuestras rebeliones, molido por nuestros pecados; el castigo de nuestra paz fue sobre él, y por su llaga fuimos nosotros curados».*

Todo el capítulo 53 de Isaías se refiere a la obra sustitutiva de Jesús por el ser humano. En éste se declara: *«Ciertamente llevó él nuestras enfermedades...».* El diccionario *Young's Analytical Concordance to the Bible* define que la palabra **choli** traducida como *enfermedad* significa: "padecimiento, debilidad y dolor". Ciertamente ¡Él llevó su padecimiento, debilidad y dolor! Reciba la revelación de la magnitud de las palabras de Dios.

Jesús fue herido por Dios con pecado y enfermedad para que usted pudiera ser libre. En el versículo 6, se declara: *«...Jehová cargó en él el pecado de todos nosotros».* En el versículo 10, se establece: *«Con todo eso, Jehová quiso quebrantarlo, sujetándole a padecimiento...».* (Según el doctor Young, el término **padecimiento** significa *enfermar*; por lo cual, debería traducirse: "Dios enfermó a Jesús").

Según la Palabra, ¿qué fue lo que hizo Jesús con sus enfermedades? Él las llevó por usted, entonces no es la voluntad de Dios que padezca las enfermedades que Jesús ya sufrió por usted.

Porque Dios amó tanto al mundo que ingenió el plan de sustitución para redimir a la humanidad de la maldición de Satanás mediante Su único Hijo.

«Cristo nos redimió de la maldición de la ley, hecho por nosotros maldición (porque está escrito: Maldito todo el que es colgado en un madero)» (Gálatas 3:13).

Jesús estaba dispuesto a tomar la maldición en Su propio espíritu, alma y cuerpo para que usted no continuara bajo el dominio de Satanás.

Antes de que el hombre se hiciera uno con Satanás, no existía enfermedad alguna. El pecado es la raíz que produjo la enfermedad en el ser humano. Así como el pecado es la manifestación de la muerte espiritual en el corazón de las personas, la enfermedad es la manifestación de la muerte espiritual en el cuerpo del ser humano.

Jesús no sólo pagó el precio por el nuevo nacimiento de su espíritu y la sanidad de su cuerpo, sino también llevó el castigo de su paz. Satanás no tiene derecho alguno de atormentar su mente. Usted ha sido redimido del temor, ansiedad mental, depresión o de cualquier otra cosa que impida que su mente disfrute de paz. No debe confiar en *Valium* o en cualquier otro tranquilizante, pues Jesús ya pagó el precio para que usted disfrute de salud mental y de paz. No permita que Satanás se la robe.

Un precio muy alto

Jesús vino para destruir las obras del diablo (lea 1 Juan 3:8). Él no destruyó el pecado sólo para dejarle el dominio a la enfermedad. Una redención parcial del poder de Satanás no habría complacido a Dios ni habría cumplido el plan para Su familia.

Él redimió a toda la humanidad —justicia para su naturaleza, paz para su mente y sanidad para su cuerpo—. La redención anuló todo lo que estaba por venir en contra del ser humano a causa del pecado. Jesús destruyó por completo las obras del diablo en la vida de las personas.

En 1 Corintios 6:20, se nos dice: *«Porque habéis sido comprados por precio»* ¡Un precio muy alto! *«Glorificad, pues, a Dios en vuestro cuerpo y en vuestro espíritu, los cuales son de Dios»*. No debería haber ninguna enfermedad en el Cuerpo de Cristo. Cuando alguien enfermo se acerque a nosotros, el poder sanador de Dios debe fluir para que reciba sanidad.

En el libro de Levítico, Israel utilizaba un chivo expiatorio. El sacerdote imponía manos sobre un verdadero macho cabrío, ponía los pecados de la gente sobre él y lo enviaba al desierto —alejado por completo de la gente—. ¡Eso fue lo que Jesús hizo con su enfermedad y dolencia! ¡Él las llevó lejos de usted! Usted debe tomar autoridad en el nombre de Jesús, y ordenarle a la enfermedad y a la dolencia que se vayan lejos de su vida. No les dé a éstas ni a Satanás lugar en su cuerpo. Ordéneles que se vayan de su presencia —sáquelas de su hogar y de su familia—.

En nuestro idioma, la palabra **salvación** no nos expresa lo que palabra griega **sozo** realmente significa. Tenga presente que la salvación no es sólo el nuevo nacimiento de su espíritu, sino también es paz para su mente y sanidad para su cuerpo. En el *Diccionario expositivo de palabras del Antiguo y del Nuevo Testamento W. E. Vine,* se define el término **salvación** como: "liberación, preservación; liberación material y temporal del peligro y de la aprehensión".

En Marcos 16:15-16, leemos lo siguiente: *«Y les dijo: Id por todo el mundo y predicad el evangelio a toda criatura. El que creyere y fuere bautizado, será salvo; mas el que no creyere será condenado»*. El evangelio se refiere a las buenas nuevas de lo que Jesús hizo en Su sacrificio sustitutivo en la Cruz.

La declaración: *«Por sus llagas fueron sanados»* no se refiere a una promesa, sino a un hecho. Tal suceso ya se realizó, pues Jesús llevó sus enfermedades lejos de usted y por Sus llagas fue sanado.

No existe pecado tan grande que el sacrificio de Jesús en el Calvario no pueda cancelar y quitar —es como si el pecado nunca hubiera existido—.

El poder de Dios limpia y cambia a quien participa del regalo de la salvación, al extremo de no dejar rastro del viejo hombre o de sus pecados. Usted se convierte en una nueva persona y en una nueva criatura. Su nuevo espíritu es creado en la justicia de Dios.

No existe enfermedad tan devastadora para el cuerpo humano que el mismo sacrificio en el Calvario no pueda cancelar, quitar y sanar; ¡como si ésta jamás hubiera existido!

El evangelio se refiere a las buenas nuevas de lo que Jesús hizo por cada persona en Su sacrificio sustitutivo en la Cruz. Jesús llevó sus pecados, para que usted no los llevara. ¡Usted puede ser perdonado ahora! Él lo realizó por cada pecador. Él llevó sus enfermedades para que usted no cargara con ellas; así que, ¡usted puede ser sanado ahora! ¡Él pagó el precio por cada persona enferma! Cristo llevó sus dolencias, y padeció por cada enfermo. Eso es el evangelio: las buenas nuevas de lo que Jesús hizo por todos.

Jesús ordenó que estas buenas nuevas fueran predicadas a toda criatura, porque todo aquel que las oiga y las crea, será salvo y sanado.

Como Cuerpo de Cristo, no debemos tolerar más la enfermedad ni la dolencia. Jesús pagó el precio para redimirnos de toda la maldición de la ley. Por voluntad propia, somos nosotros los que ponemos en marcha la ley del Espíritu de vida en Cristo Jesús.

Proclame su redención

Reciba la Palabra como si Dios mismo le estuviera hablando, pues Su deseo es que viva en completa sanidad: espíritu, alma y cuerpo. Proclame su redención de las obras de Satanás y detenga las maniobras y las operaciones en contra suya en cada área de su vida. El enemigo huirá de usted mientras actúe conforme a la Palabra en fe, ¡y la enfermedad y la dolencia se irán de su cuerpo! Permita que el evangelio, que es poder de Dios para salvación, obre para usted y lo libere de la enfermedad, la dolencia, el mal, el dolor, el temor y el tormento. Esta libertad le pertenece, ya que Jesús pagó la deuda entera; a fin de que usted fuera sano en espíritu, alma y cuerpo.

El evangelista T.L. Osborn expresa: «Cualquier persona puede transformar una promesa de Dios en el poder de Dios, igualando el poder que ésta promete, al creer y actuar lo suficientemente en ella». Si cree estas buenas nuevas que he compartido con usted, ahora es tiempo de actuar.

Mientras proclama su libertad en el nombre de Jesús, actúe según la Palabra que ha leído.

Si no ha nacido de nuevo, acepte a Jesucristo como su Señor y Salvador.

Si es paralítico, muévase.

Si es sordo, oiga.

Si es cojo, tome su lecho y ande.

Si hay algo que no podía hacer antes, ¡hágalo ahora!

Confiese lo siguiente con valentía y en voz alta:

El evangelio que he oído es poder de Dios para salvación. Confieso a Jesucristo como el Señor de mi vida: espíritu, alma y cuerpo. Recibo el poder de Dios para estar bien, completo, libre, salvo y sano, ¡ahora! Actúo conforme a la Palabra y recibo el poder de Dios.

Enfermedad, sufrimiento, dolor, los resisto en el nombre de Jesús; pues no son la voluntad del Señor. Ejerzo la autoridad de la Palabra sobre ustedes. No los toleraré en mi vida, así que salgan de mi presencia y jamás permitiré que regresen. ¡Mis días de enfermedad han terminado! Soy sano. Soy salvo. El poder de la enfermedad en mi vida ha sido destruido para siempre.

Jesús llevó mi enfermedad, debilidad y dolor. Soy libre para siempre. La enfermedad ya no se enseñoreará sobre mí. El pecado ya no ejerce más dominio sobre mí; el temor ya no posee más dominio sobre mí. Satanás ya no tiene más dominio sobre mí. He sido redimido de la maldición de la ley. Proclamo mi libertad en el nombre de Jesús.

¡Hoy el evangelio es el poder de Dios para mi salvación! Recibo el evangelio, actúo conforme a éste. ¡Soy sano en el nombre de Jesús!

¡Actúe! Alabe, muévase, vea, oiga, ¡enderécese! ¡Sea liberado! Sea libre. Siéntase bien. ¡Reciba su sanidad!

Oración para recibir salvación y el bautismo del Espíritu Santo

Padre celestial, vengo a Ti en el nombre de Jesús. Tu Palabra dice: «Y todo aquel que invocare el nombre del Señor, será salvo» (Hechos 2:21). Jesús, yo te invoco y te pido que vengas a mi corazón y seas el Señor de mi vida de acuerdo con Romanos 10:9–10: «Que si confesares con tu boca que Jesús es el Señor, y creyeres en tu corazón que Dios le levantó de los muertos, serás salvo. Porque con el corazón se cree para justicia, pero con la boca se confiesa para salvación». Yo confieso ahora que Jesús es el Señor, y creo en mi corazón que Dios le resucitó de entre los muertos.

*¡Ahora he nacido de nuevo! ¡Soy cristiano, hijo del Dios todopoderoso! ¡Soy salvo! Señor, Tú también afirmas en Tu Palabra: «Pues si vosotros, siendo malos, sabéis dar buenas dádivas a vuestros hijos, ¿**cuánto más** vuestro Padre celestial dará el Espíritu Santo a los que se lo pidan?» (Lucas 11:13). Entonces te pido que me llenes con Tu Espíritu. Santo Espíritu, engrandécete dentro de mí a medida que alabo a Dios. Estoy plenamente convencido de que hablaré en otras lenguas, según Tú me concedas expresar (Hechos 2:4). En el nombre de Jesús, ¡amén!*

En este momento, comience a alabar a Dios por llenarlo con el Espíritu Santo. Pronuncie esas palabras y sílabas que recibe, no hable en su idioma, sino en el lenguaje que el Espíritu Santo le da. Debe usar su propia voz, ya que Dios no lo forzará a hablar. No se preocupe por cómo suena, pues ¡es una lengua celestial!

Continúe con la bendición que Dios le ha dado, y ore en el espíritu cada día.

Ahora, usted es un creyente renacido y lleno del Espíritu Santo. ¡Usted nunca será el mismo!

Busque una iglesia donde se predique la Palabra de Dios valientemente, y obedezca esa Palabra. Forme parte de la familia cristiana que lo amará y cuidará, así como usted ame y cuide de ellos.

Necesitamos estar conectados unos con otros, lo cual aumenta nuestra fuerza en Dios, y es el plan del Señor para nosotros.

Adquiera el hábito de ver el programa de televisión *La voz de victoria del creyente*, y vuélvase un hacedor de la Palabra. Usted será bendecido al ponerla en práctica (lea Santiago 1:22–25).

Acerca de la autora

Gloria Copeland es una destacada autora y ministra del evangelio, cuya misión de enseñanza es conocida a nivel mundial. Los creyentes de todas partes del planeta la conocen por medio de las convenciones de creyentes, las campañas de victoria, artículos de revistas, audios y videos de enseñanzas, y a través del programa de televisión *La voz de victoria del creyente* que se transmite de lunes a viernes y los domingos. Ella presenta el programa junto a su esposo Kenneth Copeland. Gloria es conocida también por La escuela de sanidad que inició en 1979 en las reuniones de KCM. Enseñando así cada año la Palabra de Dios a millones de personas, y compartiendo las claves de una vida cristiana victoriosa.

Gloria es la autora del libro *God's Master Plan for Your Life*, el cual es el *best seller* del *New York Times*, así como también de numerosos libros entre los cuales se incluyen: *God's Will for You* [La voluntad de Dios para usted], *Walk With God, God's Will is Prosperity* [La voluntad de Dios es la prosperidad], *Hidden Treasures* y *To Know Him*. Ella y su esposo han sido coautores de diversos materiales entre los que figuran: *Family Promises* [Promesas para la familia], *Healing Promises* [Promesas de sanidad] y el *best seller* devocional diario *From Faith to Faith* [Crezcamos de fe en fe: Una guía diaria para la victoria] y *Pursuit of His Presence* [En búsqueda de Su presencia].

Gloria tiene un doctorado honorífico de *Oral Roberts University*. En 1994, recibió la distinción de *Mujer cristiana del año*, un reconocimiento que se otorga a mujeres cuyo ejemplo de liderazgo cristiano es excepcional. También es cofundadora y vicepresidenta de los Ministerios Kenneth Copeland de Fort Worth, Texas.

Adquiera más información acerca de los Ministerios Kenneth Copeland, visitando nuestra página web **www.kcm.org**

Cuando el SEÑOR le indicó a Kenneth y Gloria Copeland que iniciaran la revista *La voz de victoria del creyente*...

Les dijo: *Ésta es su semilla. Envíensela a todo el que responda a su ministerio, y ¡jamás permitan que alguien pague por una suscripción!*

Por casi 40 años, ha sido un gozo para los Ministerios Kenneth Copeland llevarles las buenas nuevas a los creyentes. Los lectores disfrutan las enseñanzas de ministros que escriben acerca de vidas en comunión con Dios, y testimonios de creyentes que experimentan la victoria en su vida diaria a través de la Palabra.

Hoy, la revista *LVVC* es enviada mensualmente por correo, llevando ánimo y bendición a los creyentes de todo el mundo. Incluso muchos de ellos la utilizan como una herramienta para ministrar, se la obsequian a otras personas que ¡desean conocer a Jesús y crecer en su fe!

Solicite hoy una suscripción GRATUITA para recibir la revista *La voz de victoria del creyente!*

Escríbanos a: Kenneth Copeland Ministries, Fort Worth, TX 76192-0001.
También puede suscribirse llamándonos al **1-800-600-7395** (Sólo en EE.UU.)
o al **1-817-852-6000**.

¡Estamos aquí para usted!®

Su crecimiento en la PALABRA de Dios y su victoria en Jesús son el centro mismo de nuestro corazón. Y en cada área en que Dios nos ha equipado, le ayudaremos a enfrentar las circunstancias que está atravesando para que pueda ser el **victorioso vencedor** que Él planeó que usted sea.

La misión de los Ministerios Kenneth Copeland, es que todos nosotros crezcamos y avancemos juntos. Nuestra oración es que usted reciba el beneficio completo de todo lo que el SEÑOR nos ha dado para compartirle.

Dondequiera que se encuentre, puede mirar el programa *La voz de victoria del creyente* por televisión (revise su programación local) y por la Internet visitando kcm.org.

Nuestro sitio web: **kcm.org,** le brinda acceso a todos los recursos que hemos desarrollado para su victoria. Y, puede hallar información para comunicarse con nuestras oficinas internacionales en África, Asia, Australia, Canadá, Europa, Ucrania, y con nuestras oficinas centrales en Estados Unidos de América.

Cada oficina cuenta con un personal dedicado, preparado para servirle y para orar por usted. Puede comunicarse con una oficina a nivel mundial más cercana a usted para recibir asistencia, y puede llamarnos para pedir oración a nuestro número en Estados Unidos, 1-817-852-6000, ¡las 24 horas del día, todos los días de la semana!

Le animamos a que se comunique con nosotros a menudo y ¡nos permita formar parte de su andar de fe de cada día!

¡Jesús es el SEÑOR!

Kenneth y Gloria Copeland

Kenneth y Gloria Copeland